DIE REIHE
Archivbilder

WIEN-HERNALS

1883 erhielt Hernals als erste Vorortegemeinde ein eigenes Rathaus. Es wurde von Johann Gschwandner, dem Renaissancestil nachempfunden, erbaut. Nach Bombenschäden während des Zweiten Weltkrieges wurde 1954 die Renovierung vorgenommen, Dekor und Dachaufbau wurden jedoch stark reduziert.

DIE REIHE
Archivbilder

WIEN-HERNALS

Trude Neuhold

SUTTON
VERLAG

Sutton Verlag GmbH

Hochheimer Straße 59

99094 Erfurt

www.suttonverlag.at

Copyright © Sutton Verlag, 2008

ISBN: 978-3-86680-349-7

Druck: Books on Demand GmbH, Norderstedt, Deutschland

Umschlagbild: *Die Familie Anton Blöckinger sitzt 1895 mit Baumeister Steinmetz im Hof ihres Hauses in der Dornbacher Straße 91. Die Blöckinger waren alteingesessene Heurigenschänker und Milchmeier. Frau Blöckinger trägt laut Aussage des Hernalser Heimatforschers und Baumeisters Anton Trnka eine originale Dornbacher Tracht. In der Hausmauer im Hof befand sich eine Türken-kugel mit der Jahreszahl 1683 – nun bereits im Bezirksmuseum Hernals – darüber ein Kruzifix. Links ist ein alter Ziehbrunnen zu sehen.*

Der belebte Elterleinplatz in den 1970er-Jahren mit Blick stadtauswärts zeigt rechts das Hernalser Amtshaus, es gibt noch kein neues Bezirkszentrum. Am Alszauberbrunnen kann man noch rechts und links vorbeifahren.

Inhaltsverzeichnis

Literatur- und Bildnachweis

Ausstellungsbroschüren des Bezirksmuseums Hernals

CZEIKE, FELIX: *Historisches Lexikon Wien*, Wien 1902

Dehio Wien, X. bis XIX. Bezirk, Wien 1996

EHRENREICH, FRITZ: *Hernals einst und jetzt*, Wien 1994

Hernals – Ein Heimatbuch für den 17. Wiener Gemeindebezirk, hrsg. von Hernalser Lehrern, Wien 1924

Jubiläumsausstellung 900 Jahre Hernals, Wien 1951

KALTENBERGER, FRANZ J: *Geschichte der Ortschaften Dornbach und Neuwaldegg bei Wien nebst deren Häuser-Chronik*, Wien 1884

KOLLER, JOSEF: *Das Wiener Volkssängertum in alter und neuer Zeit*, Wien 1931

MAILLER, HERMANN: *Schrammel-Quartett. Ein Buch von vier Wiener Musikanten*, Wien 1943

MARINCIG, HARALD: *Die Wiener Linien*

SCHATZL, MAXIMILIAN: *Die Kirche und der Kalvarienberg in Hernals*, Wien 1914

SPÖ Hernals 40 Jahre, 1945-1985, Wien 1988

STEINMETZ, HERMINE MARIA: *St. Anna-Kapelle in Wien-Dornbach*, Wien 1995

WIMMER, JOSEF: *Dornbach – Die Pferdebahn*, Wien 1886

ZABUSCH, FRANZ: *Zeiten und Menschen von Hernals*, Wien 1958

ZABUSCH, STEPHANIE: *Bezirksmuseum Hernals, in:* Wiener Geschichtsblätter, Beiheft 3/2002

Einleitung

Der 17. Wiener Gemeindebezirk wurde aufgrund des Gesetzes vom 19. Dezember 1890 geschaffen und vereinigt die ehemaligen selbstständigen Ortsgemeinden Hernals, Dornbach und Neuwaldegg. Der letzte Bürgermeister des Dorfes Hernals, Franz Helbling, wurde der erste Bezirksvorsteher des neu geschaffenen 17. Wiener Gemeindebezirkes. Hernals liegt im Nordwesten der Stadt, im Tal des Alsbaches, und nimmt einen lang gezogenen Flächenstreifen ein, der sich vom Gürtel ansteigend bis zum Höhenzug des Wienerwaldes erstreckt. Die höchste Erhebung ist der Heuberg mit 464 Metern, bereits seit Nestroys Zeiten als Wetterwinkel bekannt und gefürchtet. Die Besiedlung ist vom Gürtel bis ungefähr zur Güpferlingstraße äußerst dicht, dann beginnt eine lockere Verbauung mit städtischen Wohnhausanlagen, Kleingartensiedlungen und Villen. Die Wienerwaldhänge mit dem Exelberg, dem Vogelschutzgebiet am Fuße des Heuberges, dem südlichen Schafberg und dem Schwarzenbergpark bilden ein großflächiges Naherholungsgebiet – insgesamt hat Hernals einen Grünanteil von 60 Prozent.

Hernals ist altes Siedlungsgebiet. Münzfunde, Legions- und Wasserleitungsziegel, die auf Hernalser Boden gefunden wurden, weisen auf eine römische Besiedlung hin. Ein römisches Herkules-Relief – zu besichtigen im Bezirksmuseum – stammt vom Haus Hormayrgasse 10. Siedlungsbildend war vor allem der Alsbach mit einer Länge von zehn Kilometern, der im Wienerwald westlich von Dornbach entspringt. Bedeutsam für die Besiedlung der oberen Als waren die großen Schenkungen an das Kloster St. Peter in Salzburg, dessen Mönche umfangreiche Rodungen vornahmen und damit das Gebiet für Siedler erschlossen.

Aus dem Traditionsbuch von St. Peter in Salzburg erfahren wir, dass 1044 Graf Sighard IV. dem Stift St. Peter in Salzburg zwei Edelhuben aus seinem Besitz „ad Alsam" schenkte. Im Jahre 1139 wird in einer Urkunde von einer „Kapelle in dem Orte welcher Als" genannt wird, berichtet.

Der Bezirksname Hernals leitet sich von den „Lehens-Herren von der Als" her, die 1135 im Salbuch des Stiftes Klosterneuburg als Diepoldus und Nendingus de Alse bei einem Schenkungsakt als Zeugen fungierten. Als reich begüterte Familie in Hernals werden 1227 die Griechen von Als urkundlich genannt. Nach der Adelsfamilie der Roggendorfer erwarb Hans Geyer zu Osterburg 1515 das Dorf Hernals als Lehen. 1587 kam die Herrschaft an Wolfgang Jörger zu Tollet und Köppach, Freiherr auf Kreisbach, ohne lehensherrliche Zustimmung. Die Belehnung erfolgte erst durch Kaiser Matthias im Jahre 1618. Unter der Familie Jörger wurde Hernals zur Hochburg der Reformierten.

Die Existenzgrundlage der Bevölkerung war Jahrhunderte lang der Weinbau, teilweise wurde auch Ackerbau betrieben. Die Eröffnung der ersten Pferdetramway 1865 vom Schottentor zunächst nach Hernals und bereits ein Jahr später nach Dornbach brachte großen Aufschwung. Wohlhabende Wiener Bürger bauten sich hier Landhäuser und Villen. In den Bauernhöfen wurden Sommerwohnungen vermietet. Dornbach und Neuwaldegg wurden zu beliebten Sommerfrischeorten der Wiener, in denen in der Folge auch zahlreiche Vergnügungsstätten und Etablissements entstanden. Die Schrammeln und das Volkssängertum erfreuten sich großer Beliebtheit.

Mit dem Beginn der Industrialisierung siedelten sich zahlreiche kleinere Industriebetriebe entlang des Alsbaches an. 1877 wurde mit der Einwölbung der Als begonnen. Bedingt durch das blühende Wirtschaftsleben von Hernals folgte ein starker Bevölkerungszuzug, wofür bestimmte Strukturen geschaffen werden mussten. So entstanden in dieser Zeit erste Zinskasernen und 1883 erhielt Hernals als erste Vorortegemeinde ein eigenes Rathaus. Im Jahre 1914 wurde das erste städtische Hallenschwimmbad Wiens, das Jörgerbad, eröffnet und 1921 betraute die Gemeinde Wien den Architekten Adolf Loos mit der Planung und dem Bau der Heuberg-Siedlung. In dieser Zeit entstand auch die Waldegghof-Siedlung – auch Siedlung der Geistigen Arbeiter genannt. Zur Bekämpfung der Arbeitslosigkeit und der Wohnungsnot errichtete die Gemeinde Wien zahlreiche Gemeindebauten. Gleiches gilt für die Höhenstraße, deren Entstehung in engem Zusammenhang mit der Bekämpfung der Arbeitslosigkeit in den 1930er-Jahren steht.

Im Jahre 1945 wurde Hernals durch Bombentreffer schwer in Mitleidenschaft gezogen. Zahlreiche Wohnhäuser wurden zerstört und die Kalvarienbergkirche sowie die Marienkirche schwer getroffen. Die Engelmann-Kunsteisbahn in der Syringgasse wurde sogar völlig zerstört. In der Jörgerstraße ragten nach einem Bombentreffer die Straßenbahnschienen mehrere Meter in die Höhe und die Bombenkrater gaben den Blick auf den Alsbach frei.

Unmittelbar nach Kriegsende ging die Hernalser Bevölkerung jedoch energisch an den Wiederaufbau. Eine rege Bautätigkeit war die Folge und es kam zu einer richtigen Aufbruchstimmung. So entstanden zahlreiche städtische Wohnhausanlagen. Kirchen, öffentliche Gebäude wie das Bezirksamt und Wohnhäuser wurden renoviert, Hernalser Betriebe und Schulen wurden wieder instand gesetzt und 1988 konnte das lang geplante Bezirkszentrum Hernals am Elterleinplatz eröffnet werden.

Mit seinen unterschiedlichen sozialen Strukturen ist Hernals ein liebens- und lebenswerter Bezirk.

Mein besonderer Dank gilt meinem Mann Siegfried Neuhold. Er ist das „Lexikon" des Bezirksmuseums Hernals und hat mich in jeder Weise unterstützt.

Trude Neuhold
im August 2008

1

Hernals

Der Name leitet sich von den „Lehens-Herren von der Als" her. 1587 wurde Freiherr von Jörger mit dem landesfürstlichen Hernals belehnt. Unter Jörger wurde es der Hauptsitz der Protestanten in der näheren Umgebung Wiens, die hierher „ausliefen", um dem katholischen Gottesdienst in der Stadt zu entgehen. Hernals war am Beginn des 19. Jahrhunderts ein Dorf, in dem Wein- und Ackerbau betrieben wurden. Durch die Nähe Wiens und das billigere Leben vor dem Linienwall, der „Lina", dem heutigen Gürtel, war Hernals ein beliebter Sommerfrischeort geworden. Die Als war siedlungsbildend, so ließen sich im Zuge der beginnenden Industrialisierung Klein- und Mittelbetriebe entlang des Alsbaches nieder.

Die Stadtbahnstation Alserstraße am Hernalser Gürtel wurde auf dem Areal des ehemaligen „Kasino Elterlein", früher „Casino Unger", erbaut. Anstelle des Linienwalls entstand die Gürtelstraße und im Zuge der Gesamtplanung der Stadtbahn 1896/97 nach Plänen des Architekten Otto Wagner das Stationsgebäude der Station Alserstraße – heute Station der Linie U6.

In den letzten Kriegstagen 1945 erlitt Hernals schwere Bombenschäden. Der unterirdisch durch die Jörgerstraße fließende Alsbach wurde durch Bombentrichter freigelegt und war seit der Einwölbung der Als erstmals wieder zu sehen. Die Straßenbahnschienen ragten meterhoch in die Höhe.

Unmittelbar nach Kriegsende 1945 wurde mit den Aufräumungsarbeiten begonnen. Da noch viele Männer im Krieg waren, beteiligten sich besonders die Frauen daran und prägten damit den Ausdruck „Trümmerfrauen".

Oberbaurat Dipl.-Ing. Alfred Wroblewski führte nach Baubeginn des Jörgerbades im Jahre 1913 eine Inspektion durch.

Die feierliche Eröffnung des Jörgerbades fand am 22. Mai 1914 statt, in Anwesenheit von Bürgermeister Richard Weiskirchner und Stadtrat Sebastian Grünbeck – mit Orden an der Brust. Das Jörgerbad war das erste städtische Hallenbad Wiens und 54 Jahre ununterbrochen in Betrieb. Zwischen 1967 und 1978 wurde das Bad generalsaniert, heute ist es ein modernes Badezentrum.

Die viergeschossige Badeanlage Jörgerbad in der Jörgerstraße 42–44 umfasst eine Schwimmhalle mit einem 23 x 13 Meter großen Becken, einem Kinderbecken, Dampf- und Heißluft- sowie Wannenbädern. Mit der Einbeziehung des Pezzlparks bzw. des hier befindlichen Kinderfreibades steht den Badegästen nun seit 1978 ein Hallen- und Freibad zur Verfügung.

Durch die Straßenenge in der Hernalser Hauptstraße bei der Veronikagasse kam es bei dieser „Todesecke" genannten Kreuzung häufig zu schweren Verkehrsunfällen. Die Aufnahme stammt aus dem Jahre 1937.

Bei einem schweren Gewitter mit Hagelschlag im Juni 1894 wurde die Jörgerstraße verwüstet. Links sind die durch die Alsbach-Einwölbung tiefer liegenden Häuser zu sehen.

Der Festzug der Fronleichnamsprozession zog unter Beteiligung von Polizei und Feuerwehr durch den Ort. Beim „Etablissement Gschwandner" in der Hernalser Hauptstraße 41 war ein Altar aufgebaut.

Im Juni 1951 feierte unser Bezirk „900 Jahre Hernals" mit einer Ausstellung im Bezirksmuseum Hernals und mit einem Festakt beim „Gschwandner". Der kurz vorher zum Bundespräsidenten gewählte Bürgermeister Dr. Theodor Körner ehrte u.a. die Operettensängerin Betty Fischer, genannt das „Lercherl von Hernals", und den Wienerlieder-Komponisten Leopold Gruber.

Die Aufnahme vom Mai 1912 zeigt den Blick vom Elterleinplatz in die Jörgerstraße. In der Bildmitte befindet sich die Wiener Communal-Sparkasse im Bezirk Hernals, vormals Sparkasse der Gemeinde Hernals. Ein Zug der Straßenbahnlinie H 2, Baujahr 1899/1902, fuhr im bis 1938 geltenden Linksverkehr durch Hernals. Beachtenswert ist die Brechleiste links am Triebwagen zur Kennzeichnung breiterer Beiwägen.

Das neue Sparkassengebäude an der Ecke Elterleinplatz und Hernalser Hauptstraße 72–74 wurde nach Plänen des Architekten k.k. Baurates Josef Grünbeck vom Stadtbaumeister Karl Bittmann zwischen 1911 und 1913 im Jugendstil erbaut. Seit 1966 befindet sich in diesem Gebäude das Bezirksmuseum Hernals.

Am 3. Juni 1966 fand die feierliche Eröffnung des Bezirksmuseums Hernals in den neuen Räumen im Sparkassengebäude am Elterleinplatz statt. Diese Räume waren durch die Übersiedlung der Pädagogischen Zentralbücherei in den Neubau des Pädagogischen Instituts der Stadt Wien in die Burggasse freigeworden.

1932 schuf Prof. Carl Philipp den Alszauberbrunnen am Elterleinplatz über dem Bachbett der eingewölbten Als. Mit diesem Brunnen ist den Wassern der Als, der Wiener Musik und dem Hernalser Alsegger Wein ein Denkmal gesetzt worden. Während des Zweiten Weltkrieges wurden die Figuren eingeschmolzen. Im Oktober 1981 nahm Bürgermeister Dr. Helmut Zilk die feierliche Wiedereröffnung des Brunnens mit den neuen Figuren vor.

Das Hernalser Bezirkszentrum direkt neben dem Amtshaus ist Wohnhaus und öffentliches Gebäude zugleich. Im Erdgeschoss befindet sich ein Einkaufszentrum mit Tiefgarage. Die Aufnahme stammt vom Tag der Eröffnung am 4. September 1986.

Im Jahre 1886 wurde die Schule am Parhamerplatz als späthistoristisches Gebäude erbaut. Die Aufnahme stammt aus der Zeit zwischen 1900 und 1910.

Am 27. August 1892 brachte Weihbischof Eduard Angerer in Anwesenheit zahlreicher Prominenz den Grundstein zum Erweiterungsbau der Hernalser Pfarrkirche hinter dem Hochaltar an.

Die Kalvarienbergkirche war immer das religiöse Zentrum von Hernals. Die ursprüngliche Kirche wurde mehrfach zerstört, umgebaut und mittlerweile einfühlsam renoviert.

Der Kalvarienberg-Markt – hier auf einer Aufnahme aus dem Jahre 1917 – ist nicht nur für die Kinder ein beliebter Anziehungspunkt. Er entwickelte sich aus einer Wallfahrt, die erstmals 1639 stattfand.

Kaiser Franz Joseph und seine Gattin Elisabeth waren große Gönner des Offizierstöchter-Erziehungs-Institutes in der Kalvarienberggasse 28 in Hernals. Nach dem Ersten Weltkrieg wurde das Institut in eine Bundes-Erziehungs-Anstalt für Kinder aller Volksschichten umgewandelt.

Die Gedenktafelenthüllung am Geburtshaus des Komponisten Edmund Eysler in der Thelemangasse 8 fand am 8. März 1934 anlässlich des 60. Geburtstages des Komponisten unter reger Anteilnahme der Bevölkerung statt.

Am 10. September 1950 gab es eine große Fiakerauffahrt zur Gedenktafel-Enthüllung am Haus Lacknergasse 60. Für die drei Hernalser Fiaker und Volkssänger Josef Bratfisch, genannt Nockerl, Franz Reil, genannt Schuster-Franz, und Karl Mayerhofer, genannt Hungerl, wurde unter den Klängen des Fiakerliedes diese Gedenktafel enthüllt.

Maly Nagl und Fritz Jelinek feierten die Gedenktafel-Enthüllung für die Fiakersänger am Hause Lacknergasse 60 am 10. September 1950.

Das markante Gebäude in der Bildmitte ist die „100er-Schule", Hernalser Hauptstraße 100, die 1882 auf den ehemaligen Rosenstein-Gründen erbaut wurde. 1961 wurde die Schule abgerissen und eine städtische Wohnhausanlage errichtet. Die Aufnahme stammt aus dem Jahre 1958.

Die Aufnahme aus dem Jahre 1958 zeigt den Blick von der Taubergasse stadtwärts in die Hernalser Hauptstraße. Im Warenhaus Kamler gab es nicht nur Lederwaren, Schirme und Stöcke, sondern auch Spiel- und Sportwaren.

In der Hernalser Hauptstraße 116 wurde 1902 „Das Häuserl am Rain" für Leopold und Franz Twaroch erbaut. Es ist ein späthistoristisches Zins- und Geschäftshaus und eines der schönsten Häuser von Hernals.

Die Maschinenfabrik Josef Anger & Söhne befand sich in der Hernalser Hauptstraße 122, Ecke Comeniusgasse. Die Familie Anger war eine wohlhabende, sehr angesehene Hernalser Fabrikantenfamilie mit großem Immobilienbesitz.

Am 17. März 1956 wurde die Hauptfeuerwache Hernals am Johann-Nepomuk-Berger-Platz 12 feierlich wiedereröffnet.

Die Marienkirche am Clemens-Hofbauer-Platz wurde 1889 nach Plänen von Architekt Richard Jordan mit einem mächtigen Turm als Backsteinbau im neugotischen Stil erbaut. Hier wurden für die böhmischen Ziegelarbeiter Gottesdienste in ihrer Muttersprache abgehalten.

Der Hernalser Friedhof auf dem Leopold-Kunschak-Platz 7 wurde 1870/72 angelegt und ab 1894 mehrfach erweitert. Die Aufbahrungshalle erbaute Johann Pflaum als neugotischen Sichtziegelbau. Bis 1924 befand sich der Haupteingang in der heutigen Aufbahrungshalle. Die Aufnahme stammt aus dem Jahre 1973.

Die 4. Klasse Hauptschule Redtenbachergasse stellte sich im Jahre 1952 zum Abschlussfoto auf.

Die Wohnhausanlage der Gemeinde Wien in der Wattgasse 88 wurde 1928/29 von Karl und Friedrich Schön erbaut. Bürgermeister Karl Seitz nahm 1929 unter großer Anteilnahme der Bevölkerung die Eröffnung vor.

In der Gräffergasse 5 wurde 1928/29 die Wohnhausanlage der Gemeinde Wien nach Plänen von Rudolf Perco erbaut. Eine Gedenktafel erinnert an den Schutzbündler Leopold Holy. Die Benennung Holy-Hof 1948 nahm Bürgermeister Dr. Theodor Körner vor.

In der Parkanlage Lidlgasse ist der Brunnen für Kind und Hund anziehend. Im Hintergrund sieht man die Hauptwerkstätte des städtischen Fuhrwerkbetriebes.

Der Blick von einem Steig oberhalb der Alszeile über den Weingarten des Stiftes St. Peter auf Dornbach zeigt bei der Kreuzung Alszeile mit der Vollbadgasse die 1953 errichtete städtische Wohnhausanlage. Die Aufnahme stammt vom 10. April 1972.

2

Dornbach

Dornbach, eingebettet zwischen Heuberg und Schafberg, war im Besitz der Salzburger Benediktiner, die das Gebiet rodeten und bebauten. Die Existenzgrundlage der Bevölkerung war bis zur Zerstörung der Kulturen in den Türkenkriegen der Weinbau – „der Alsegger ist ein kecker". Der Ort Dornbach war ein locker bebauter Vorort mit Bauernwirtschaften und wurde sehr bald von den begüterten Wienern als Sommerfrische entdeckt – Sommerhäuser und Villen entstanden. Aus diesem Grund wurde die erste Pferdetramway Wiens 1865 vom Schottentor nach Hernals und 1866 bereits bis nach Dornbach geführt.

Bei Sebastian Grünbeck am Alsrücken am Schafberg fand im Jahre 1911 eine Weinlese statt, Dritter von rechts ist Sebastian Grünbeck.

Beim Hernalser Radkriterium am 6. September 1986 biegen die Fahrer in die Gräffergasse ein. Im Hintergrund ist die neue Brücke der Vorortelinie über die Hernalser Hauptstraße zu sehen.

Die Herz-Jesu-Sühnekirche am Dr.-Josef-Resch-Platz wurde am 23. Oktober 1932 von Weihbischof Dr. Franz Kamprath eingeweiht und mit 1. Jänner 1937 zur Pfarre erhoben. Das neue Türkenkreuz wurde 1951 von Pfarrangehörigen der Sühnekirche zum Standort Hernalser Hauptstraße 180 getragen und dort aufgestellt.

Der Grünbeckweg führt von der Alszeile auf den Schafberg. Rechts ist die Mauer des Hernalser Friedhofs zu sehen.

Im Jahre 1931 fand die Aufführung des Bühnenstückes „Dreimäderlhaus" in der Weis-Bühne im Hintertrakt des Hauses Hernalser Hauptstraße 196 statt.

Wir blicken vom Schafberg auf die Alszeile, die Hernalser Hauptstraße mit der städtischen Wohnhausanlage Eifler-Hof und die Güpferlingstraße. Am Areal der Gartenanlage im Vordergrund befindet sich heute die städtische Wohnhausanlage Dr.-Bruno-Kreisky-Hof, Hernalser Hauptstraße 230.

Die Straßenkreuzung Dornbacher Straße 2 und Güpferlingstraße erinnert mit dem Einspänner, dem Polizist mit Pickelhaube, dem Auslaufbrunnen und der Gaslaterne noch an die alte Zeit.

Die Klosterschwestern des Spitals „Zum göttlichen Heiland" eilen geschäftig zur Vollbadgasse.

Wien XVII, Krankenanstalt d. göttlichen Heilandes

Im Jahre 1935 wurde in der Dornbacher Straße 20–26 die Krankenanstalt „Zum göttlichen Heiland" eröffnet. 1992 wurde in diesem Krankenhaus die Hospizstation St. Raphael, die erste Einrichtung dieser Art auf österreichischem Boden, eröffnet.

Am 1. Juni 1981 fand in der Alszeile 73 unter Teilnahme zahlreicher Prominenz die feierliche Eröffnung des nach Plänen des Architekten Schwanzer erbauten Pensionisten-Wohnhauses statt. Bis dahin stand hier das weithin bekannte Ringelspiel der Familie Rosin.

Das Milchgeschäft der Frau Gessl in der Dornbacher Straße 33 war ein Kommunikationszentrum. Das rechte Haus ist das älteste Gebäude von Dornbach. Die Aufnahme stammt aus dem Jahre 1953.

Die Häuser Dornbacher Straße 35 und 37 sind typische Altwienerhäuser. Das Gasthaus Brankovsky in der Dornbacher Straße 35 war mit seinem schattigen Garten ein beliebter Treffpunkt.

Um 1870 entstand in der Dornbacher Straße 42 gegenüber der Endstelle der Pferdetramway eine neue Villa. Dieses Haus wurde 1963 abgerissen und stattdessen eine städtische Wohnhausanlage errichtet.

Das Kindertagesheim der Stadt Wien in der Dornbacher Straße 53 wurde 1870 als „Kaufmännisches Kaiser Franz Joseph Jubiläumsheim" des Vereins reisender Kaufleute erbaut. Die Aufnahme entstand im Juli 1953.

Neben der Dornbacher Kirche mit dem alten spitzen Turm befand sich die Schule am Rupertusplatz. Die Aufnahme stammt aus der Zeit vor dem Umbau der Kirche im Jahre 1931.

In der sogenannten Bärenvilla in der Andergasse 8 lebte der Erbauer des Wiener Rathauses Dombaumeister Friedrich von Schmidt mit seiner Familie. Der Name der Villa bezieht sich auf das im Hof stehende Eisbären-Gipsmodell des Bildhauers Otto Jarl, Schwiegersohn des Dombaumeisters Schmidt. Die Aufnahme stammt aus dem Jahre 1976.

Die Aufnahme des sogenannten Vogelhauses, auch Spatzenburg genannt, in der heutigen Andergasse 38, mit dem noch zum großen Teil unverbauten Heuberg, stammt aus dem Jahre 1885.

Die Familie Braun auf Voiturette, Motor eingeschlossen, mit Lenkrad, ist um 1900 zur Ausfahrt bereit.

Die „Graser-Hütte" befand sich am Heuberg in der Pointengasse 74. Die Aufnahme wurde 1970 gemacht.

Das Martha-Bründl am Weg zur Kreuz-
eichenwiese wurde im Jahre 1925 vom
Verein Schneerose errichtet.

Das Begräbnis des Dornbacher Feuerwehr-Hauptmannes Josef Stöhr im März 1929 fand unter
reger Beteiligung der Bevölkerung statt. Links ist das Wirtshaus „Trost" zu sehen.

Von 1921 bis 1924 wurde am Heuberg die nach dem Chefarchitekten des Siedlungsamtes benannte Loos-Siedlung errichtet. Die Ausführung erfolgte in Zusammenarbeit mit Hugo Mayer. Der damaligen Wirtschaftslage entsprechend befand sich bei jedem Haus ein Nutzgarten.

Die „Ureinwohner" und Miterbauer der Heubergsiedlung – Horak, Maurowitsch, Peschke, Schubert, Hug u.a. – stellten sich im Jahre 1923 zum Gruppenfoto zusammen. Die zukünftigen Bewohner mussten sich zur Ableistung von je 3.000 Arbeitsstunden verpflichten.

Reges Treiben herrschte um 1880 vor dem Gasthof „Zur Kaiserin von Österreich" in der Dornbacher Straße 101. Von hier verkehrten die Stellwägen nach Wien, rechts befindet sich der noch unverbaute Alsbach.

In den Kriegsjahren 1915/16 marschierte österreichisches Militär durch Dornbach. Rechts befindet sich die Restauration „Güldene Waldschnepfe" in der Dornbacher Straße 88, die als Lazarett Verwendung fand.

Die „Güldene Waldschnepfe" in der Dornbacher Straße 88 war Mitte der 1880er-Jahre die Hochburg der Schrammeln und ein beliebter Treffpunkt der noblen Gesellschaft. Johann und Josef Schrammel spielten hier mit Georg Dänzer und Anton Strohmayer. Des Öfteren kam auch Kronprinz Rudolf mit seinem Leibfiaker Bratfisch, um die Schrammelmusik zu hören.

Die Feuerwache Dornbach der Stadt Wien in der Knollgasse 4 bestand bis zum Mai 1974. Der Grund wurde schließlich zum Ausbau der nebenstehenden Volksschule verwendet.

In der Dornbacher Straße 96 befand sich das Pfeidlergeschäft von Frau Trnka, der Mutter des bekannten Heimatforschers. Die Aufnahme mit dem alten Postamt stammt aus dem Jahre 1898.

Das Haus der Familie Heidegger befand sich in der Dornbacher Straße 98.

Die alte St.-Anna-Kapelle in Dornbach um 1880 nach einem Aquarell von G. Janny. Der Alsbach fließt hier noch offen.

Im Jahre 1908 musste die alte Annenkapelle aus Verkehrsgründen umgestaltet werden. Am 7. Oktober 1908 konnte feierlich der Grundstein zum Bau der neuen St.-Anna-Kapelle gelegt werden. Sie entstand nach Plänen von Johann Steinmetz und wurde 1910 eingeweiht.

Die Aufnahme aus dem Jahre 1933 zeigt die Annenprozession in Dornbach bei der Annenkapelle.

Die imposante Kuffner-Villa des Architekten Franz von Neumann befand sich in der Promenadegasse 19. Diese Villa wurde zu Beginn der 1950er-Jahre abgerissen. Die auf dem Areal errichtete städtische Wohnhausanlage wurde 1955 zur Benützung übergeben. Die Aufnahme entstand im Jahre 1895.

Ab 1885 erfolgte die Alsbach-Einwölbung in Neuwaldegg. Sie war 1877 beim Gürtel begonnen worden. Mit der Errichtung des großen Spülbeckens in Neuwaldegg wurde die Kanalisation der Als 1899 abgeschlossen, die 22 Jahre gedauert hatte.

3

Neuwaldegg

Das heutige Neuwaldegg wurde nach dem ersten Türkenkrieg im Jahre 1537 erstmals urkundlich erwähnt. Vorher wurde es Ober-Dornbach, Ober-Aigen oder Oberes Gut genannt. Stephan Agler hatte dort einen prächtigen Gutshof, den er Waldegghof oder Neuwaldegg nannte. 1765 erwarb Graf Lacy den Besitz, ließ das Schloss prachtvoll ausbauen und den Park zu einem englischen Landschaftsgarten mit Tempeln, Statuen, Grotten und Teichen umgestalten. Neuwaldegg wurde zu einer beliebten Sommerfrische des Adels und des wohlhabenden Bürgertums.

Das Schloss Neuwaldegg wurde mehrfach renoviert und umgebaut.

Das Foto zeigt den Fronleichnams-Umgang in der Waldegghofgasse um 1900. Im Hintergrund ist das Schloss Neuwaldegg zu sehen.

Das Café-Restaurant der Fürstlich Schwarzenberg'schen Meierei in der Dornbacher Straße 133 gehört eigentlich noch zu Dornbach. Die zum Schloss Neuwaldegg gehörenden Gebäude waren unter Graf Lacy als Dienerwohnungen, Stallungen, Wagenremisen etc. in Verwendung. Erst mit Übernahme des Besitzes durch Fürst Schwarzenberg scheint ein Pächter des Meierhofes auf. Unter dem Namen „Café Schwarzenberg-Meierei" bestand das Lokal bis zum Frühjahr 1990. Links ist die alte Holzveranda zu sehen.

Die Fronleichnamsprozession zieht 1936 durch die Neuwaldegger Straße. Rechts sind die Stallungen der Schwarzenberg-Meierei zu sehen.

Im Hotel-Restaurant „Zum braunen Hirschen" in der Neuwaldegger Straße 4 sollen in der „guten, alten Zeit" jährlich 36.000 Backhühner verzehrt worden sein. Die Aufnahme stammt aus dem Jahre 1953.

1928 wütete ein schrecklicher Brand in Neuwaldegg. Das Haus Neuwaldegger Straße 7 der Familie Kuntner wurde ein Raub der Flammen. Das Feuer griff auch auf das gegenüber liegende Haus Nr. 8 über.

In der Neuwaldegger Straße 13 fühlen sich die Sommerfrischler aus Wien im Hause Nefzger sehr wohl.

Jedes Jahr im Herbst fand der Almabtrieb der Kühe der Schwarzenberg-Meierei in Neuwaldegg statt, so auch im Jahre 1933.

Nach sintflutartigen Regenfällen am 17. Juli 1907 gab es eine große Überschwemmung in Neuwaldegg.

Am 26. November 1953 wurde die Wohnhausanlage der Gemeinde Wien in der Neuwaldegger Straße 19–21 der Benützung übergeben.

Die Villa Wittgenstein in der Neuwaldegger Straße 38 wurde im Jahre 1972 abgerissen.

1961 feiert die „Siedlerrunde Murli" in der Siedlung der Geistigen Arbeiter ein Geburtstagsfest. Die Anfänge dieser Siedlung, auch Waldegghof-Siedlung genannt, gehen in das Jahr 1924 zurück.

Trafikant Schefzik steht mit seiner Tochter im Jahre 1926 vor seiner Trafik in der Siedlung der Geistigen Arbeiter.

Feldmarschall Franz Moritz Graf Lacy (1725–1801) war Besitzer des Schlosses Neuwaldegg, Reformer des Österreichischen Heeres und fortschrittlicher Landschaftsgestalter. Nach seinem Tod gingen Schloss und Park Neuwaldegg in den Besitz der Familie Schwarzenberg über. Daher wird der Neuwaldegger Park auch Schwarzenberg-Park genannt. 1956 kaufte die Stadt Wien den Park an.

Das Foto aus dem Jahre 1891 zeigt die Gartenansicht des Neuwaldegger Schlosses.

Die Marsstatue im Neuwaldegger Park in der
Nähe des Schotterfanges bei der Marswiese
wurde 1968 renoviert.

Auf der Balustrade vor dem Schloss Neuwaldegg
befanden sich groteske Zwergenfiguren.

Das Rindenlusthaus im Neuwaldegger Park lag am Weg zum Hameau. Hier stand früher der Diana-Tempel. Die Ansicht stammt aus dem Jahre 1891.

Die sogenannten Holzklauber sammelten nach dem Ersten Weltkrieg im Jahre 1919 Brennmaterial, um heizen zu können. Der Wald wurde von der Bevölkerung regelrecht geplündert.

Schon zu seinen Lebzeiten ließ Feldmarschall Graf Lacy 1794 innerhalb der Parkanlage sein Mausoleum in Form eines klassizistischen Tempels errichten und wurde 1801 hier bestattet. Sein Neffe und vorgesehener Erbe Georg Graf Browne war bereits 1794 hier beigesetzt worden.

„Tamerlanka" war das Lieblingspferd der Fürstin Eleonore Schwarzenberg und wurde ebenfalls im Park bestattet.

Im Parapluiteich im Neuwaldegger Park waren in den 1970er-Jahren Biber ausgesetzt, daher heißt der Teich im Volksmund auch Biberteich.

Der Neuwaldegger Park oder Schwarzenberg-Park ist ein beliebtes Naherholungsgebiet. 1977 herrschte reges Leben am Kinderspielplatz.

Das Linienamt befand sich 1893 in der Neuwaldegger Straße 59. Die Linienämter genannten Mautstellen wurden 1891 – bedingt durch die Eingemeindung der Vororte – weiter stadtauswärts verlegt. Die Linienverzehrungssteuer existierte mehr als neunzig Jahre, erst mit 30. November 1921 wurde sie aufgehoben. Die in den Vororten billigeren Waren mussten bei der Einfuhr in die Stadt verzollt werden.

Am Hanslteich in Neuwaldegg – hier auf einem Foto aus dem Jahre 1906 – konnte man im Sommer Boot fahren und im Winter Eislaufen. Der Hanslteich, eigentlich Hansenteich, war der Eisteich von Magdalena Hansen, wo damals Eis für die Konservierung erzeugt wurde. Frau Hansen hatte 1883 von der BH Hernals die Bewilligung zur Eisgewinnung aus den Eisteichen erhalten.

Die Aufnahme zeigt die spätere Höhenstraße in Neuwaldegg, hier bei der Mayer-Kurve, die nach dem seinerzeit dort befindlichen Gasthaus benannt ist. Die Höhenstraße wurde im Rahmen eines Programms zur Bekämpfung der Arbeitslosigkeit ab 1934 erbaut.

Die Waldandacht-Kapelle wurde am 27. September 1936 von Weihbischof Dr. Kamprath und dem Dornbacher Pfarrer Bruno Spitzl eingeweiht. Die Glocke spendeten Rosa und Anton Trnka.

Paul Konrath und Josef Scheiderbauer unterhalten sich im Steinbruch des Fürstlich Schwarzenberg'schen Parks in Neuwaldegg. Der Steinbruch war von Paul Konrath gepachtet. Die Steine wurden teilweise für den Eigenbedarf und größtenteils für den Bau der Wien-fluss-Regulierung verwendet.

Eine Landpartie im Jahre 1895 führte zur „Rohrerhütte", einem beliebten Ausflugslokal im Wienerwald. Die „Rohrerhütte" war um 1840 vom Waldaufseher J. Rohrer anstelle einiger Holz-hauerhütten als Gasthaus errichtet worden.

Zur Gedenktafel-Enthüllung für die Hernalser Fiaker am Hause Lacknergasse 60, wo sich das bekannte Gasthaus „Angerer" befand, fand eine große Fiakerauffahrt statt. Neben dem Kutscher sitzt der Trommler „Wolferl" der Deutschmeister-Kapelle.

4

Im Wirtshaus, dem Wohnzimmer
der kleinen Leute

Im Wirtshaus bin i' wia z'haus,
bei mir z'haus bin i nia z'haus.

Hernals wurde zum bevorzugten Vergnügungszentrum Wiens. In Wirtshäusern, Heurigenlokalen und Weinschänken traten Musiker und Sänger auf. Es gab große Lokale, wie das „Casino Unger", später „Kasino Elterlein", „Gschwandner", „Stalehner", „Grünbeck", „Etablissement Mandl", „Etablissement Klein", heute „Metropol", „Weigl" u.a. Die Schrammeln spielten u.a. in der „Güldenen Waldschnepfe". Aber auch die einfachen Wirtshäuser hatten ihr Stammpublikum. Im Gasthaus „Bierkeller" in der Dornbacher Straße 119, auch „Schwammerlbörse" genannt, trafen sich die Pilzesammler zwecks Preisabsprache. Der Wahlhernalser Dichter Ferdinand Sauter schrieb auf der Rückseite von Speisekarten seine Gedichte.

Das Schrammel-Quartett im Jahre 1890. Von links sind Josef Schrammel, Georg Dänzer, Sänger Philipp Brady, Anton Strohmayer, Sänger Franz Exner und Johann Schrammel zu sehen. Die Schrammeln machten diese spezielle Form der Wiener Musik weltberühmt.

Das Ensemble „Gebrüder Schrammel und Anton Strohmayer" spielte ab 1878 zuerst gemeinsam als Trio. Von links nach rechts sind Josef und Johann Schrammel, Anton Strohmayer, dahinter die Pascher-Pepi, die Wirth Kathl und die Wäscher-Nettl zu sehen.

Im Jahre 1883 spielte das Schrammelquartett am Wäschermädlball beim „Stalehner". Populäre Komponisten, wie Hofkapellmeister Carl Michael Ziehrer, Edmund Eysler und Leo Fall, brachten hier ihre Werke zur Aufführung.

Die holzgeschnitzten Schrammel-Figuren mit Volks- und Fiakersängern sind ein Hauptanziehungspunkt im Bezirksmuseum Hernals.

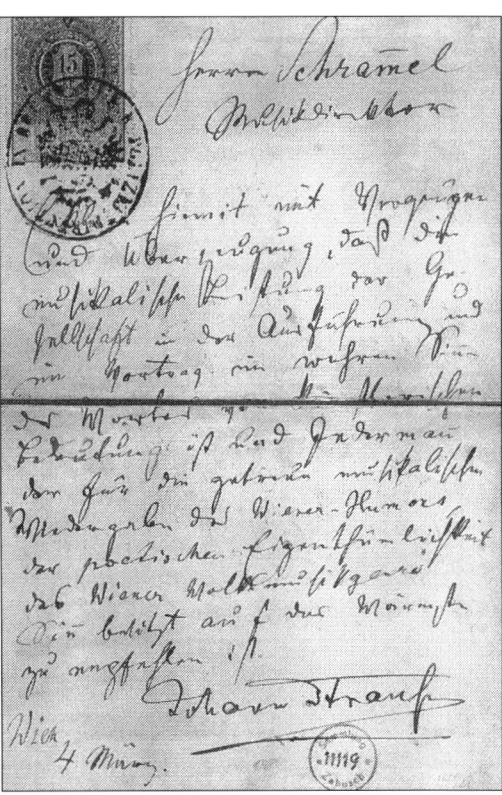

Mit diesem Brief bestätigt Johann Strauß den Schrammeln ihre Qualität – das war fast ein Adelsprädikat. Am 4. März 1884 schrieb Strauß: „Erkläre hiemit mit Vergnügen und Überzeugung, daß die musikalische Leistung der Gesellschaft in der Ausführung und im Vortrag im wahren Sinne des Wortes von künstlerischer Bedeutung ist und jedermann, der für die getreue musikalische Wiedergabe des Wiener Humors, der poetischen Eigenthümlichkeit des Wiener Volksmusikgenre Sinn besitzt, auf das Wärmste zu empfehlen ist."

Das „Kasino Elterlein", früher „Casino Unger", an der Hernalser Linie – heute im Bereich der U-Bahn-Station Alserstraße – war ein beliebtes Veranstaltungslokal mit einem großen Garten für bis zu 3.000 Personen. Die Aufnahme gegen den Hernalser Gürtel zwischen Ottakringer Straße und Hernalser Hauptstraße stammt aus dem Jahre 1895.

Im Jahre 1913 fand ein Frühschoppen mit Militärmusik im Gasthausgarten des „Etablissements Stalehner" in der Jörgerstraße 22 statt.

Im „Etablissement Gschwandner" in der Hernalser Hauptstraße 41 fanden Bälle, Faschingsver-
anstaltungen und Militärkonzerte statt. „Beim Gschwandner, Stalehner, da lernt ma si kena" war
ein beliebter und wahrer Ausspruch. Die Aufnahme stammt aus dem Jahre 1894.

Im September 1925 fand im „Etablissement Gschwandner" unter der Leitung des Kapellmeisters
Eduard Pfleger eine Johann-Strauß-Feier statt.

Die Faschingsveranstaltung beim „Gschwandner" war ein Fixpunkt der Unterhaltung in Hernals.

Anlässlich der Feier „900 Jahre Hernals" fand im Jahre 1951 eine Festakademie des Heimatmuseums beim „Gschwandner" statt. Am Tisch vorne links sind Nationalratspräsident Leopold Kunschak sowie Bundespräsident Dr. Theodor Körner zu sehen.

Aus der Bäckerei Klein in der Hernalser Hauptstraße 55 wurde 1868 das beliebte „Vergnügungs-Etablissement Klein". 1981 wurde in diesen Räumen das „Metropol" errichtet.

Die Familie Klein gibt den Ausschank ab 30. April 1934 bekannt.

Am 11. Juli 1915 wurde im Gasthausgarten „Grünbeck" in der Hernalser Hauptstraße 68 das patriotische Wandgemälde „Erinnerung an ernste Zeit" enthüllt.

Die „Grünbeck-Gmoan" traf sich bei der Bierakademie des Wiener Männergesangsvereines Biedersinn am 3. Februar 1906.

Großes Vergnügen im „Kleinen Pra-
ter" des Johann Trappl in der Antoni-
gasse 92.

Das „Weinhaus Bibersteiner", auch „Zum Rathauskeller" genannt, befand sich an der Ecke Elterleinplatz 4 und Kindermanngasse.

Der Wirt des Bier- und Weinhauses „Leopold Salitter" am Elterleinplatz 8 war ein großer Sauter-Verehrer und richtete in seinem Lokal ein Sauter-Stüberl mit einem Relief ein.

Das Sauterrelief von Prof. Carl Philipp im Extrazimmer beim „Salitter" zeigt den Wahlhernalser Dichter Ferdinand Sauter beim Vortrag eines seiner Gedichte und befindet sich nun im Bezirksmuseum Hernals.

Die Gastwirtschaft Strobl in der Hernalser Hauptstraße 85 im Jahre 1931.

Der Gastwirt Leopold Kolm vom Gasthaus „Zur alten Zwickerhütte", Hernalser Hauptstraße 171, führte das Gasthaus mit seiner Schwester Katharina Kolm und war bei seinen Gästen äußerst beliebt.

Die Gastwirtschaft Franz Herzog in der Alszeile 24, alte Nummer Alszeile 71, wurde im Zweiten Weltkrieg zerstört. Die Aufnahme stammt aus dem Jahre 1923. Seit 1949 befindet sich hier der Steinmetzbetrieb R. Kühner.

Das Hotel-Restaurant „Dornbach" an der Ecke Alszeile 77 und Alsgasse 12 war im Besitz von Karl und Maria Nolz.

Das Ausflugsgasthaus Karl Reiter befand sich in der Pointengasse 40.

Die „Bieglerhütte" in der Andergasse 71 war bis 1966 ein äußerst beliebtes Ausflugslokal. Um 1820 stand hier die Hütte des Kräutersammlers und Wunderdoktors Gottfried Pichler. 1853 kaufte Josef Matuschka die „Bieglerhütte", wie man das Gasthaus in Verballhornung des Namens Pichler nannte.

Beim „Morawek" in der Dornbacher Straße 40 ging's beim Kirtag hoch her.

Das Weinhaus Trost in der Dornbacher Straße 75 bekommt eine Weinlieferung.

Der St.-Annen-Kirtag fand 1933 im Dornbacher Presshaus statt. Das Stift St. Peter in Dornbach betreibt einen Buschenschank und schenkt den Alsegger Wein aus den eigenen Rieden auch heute noch aus – besungen im Wienerlied von Kaderka und Berg „Der Dornbacher Pfarrer steckt aus".

In der „Ried Zwern" der Weinhauerfamilie Nefzger fand 1961 die letzte Weinlese statt.

Eine fröhliche Runde traf sich im Jahre 1898 zum Frühschoppen vor der „Güldenen Waldschnepfe" in der Dornbacher Straße 88.

Der Heurige „Schindler im Eck" befand sich in der Dornbacher Straße 111.

Musiker und Sänger feiern beim „Nimmrichter" in der Dornbacher Straße. Herr Nimmrichter steht in der Mitte, seine Tochter Maria Urbisch ist rechts mit der Gitarre zu sehen.

Das Wein- und Bierhaus „Resi-Tant" in der Dornbacher Straße 127-129 ist auch heute ein beliebtes Restaurant.

Die sogenannte „11er-Messe" am Sonntag beim „Scheiderbauer" in der Dornbacher Straße 116 war immer sehr gut besucht.

Johann Geppert war der Wirt des Lokals „Zur Himmelmutter" am Schafberg. Von alten Dornbachern wurde er oft als „Himmelvater" bezeichnet. In der gern besuchten Gaststätte zierte ein Bild der Gottesmutter Maria den Schankraum. Die Aufnahme stammt aus dem Jahre 1906 und zeigt den Wirt mit seiner Frau, seinen Eltern und seiner Tochter Wetterl.

Das Ringelspiel der Familie Rosin am Kleinen Schafberg wurde 1900 errichtet und wurde nicht grundlos „Volksbelustigungs-Platz" genannt.

Das Restaurant „Max Kaufmann" in der Neuwaldegger Straße 21 war früher der Gemeinde-gasthof von Neuwaldegg. Er wurde im März 1945 durch einen Bombenangriff zerstört und 1951 abgerissen.

Karl Schäfer (1909–1976) wurde von Ing. Eduard Engelmann gefördert und heiratete später dessen Tochter Christa. Er war der erfolgreichste Eiskunstläufer, den Österreich je hervorgebracht hat, wurde zweimal Olympiasieger und mehrfacher Welt- und Europameister. Die Aufnahme stammt aus dem Jahre 1936.

5

Sport und Vereinsleben

Engelmann, Jörgerbad, Wiener Sportklub, Postsportverein sind nur einige über unseren Bezirk hinausgehende Sportstätten mit vielseitigen Sportmöglichkeiten und interessanten Veranstaltungen. Bedingt durch die vielen Lokale in unserem Bezirk gab es eine Unzahl von Vereinen, wie Sportvereine, Gesellgkeitsvereine, Gesangsvereine u.a.m. Viele Gasthäuser hatten im Garten oder Hoftrakt eine Kegelbahn.

Die erste Freiluft-Kunsteisbahn der Welt entstand 1909 beim Engelmann in Hernals. Der Sportler und Techniker Ing. Eduard Engelmann konstruierte und erbaute 1909 diese Sportstätte, die die Wiege für die großen sportlichen Erfolge unserer Eisläufer wurde.

Der Trainings-Eisclub TEC feierte sein 25. Jubiläum im Jahre 1896 noch auf dem Natureisplatz der Engelmann-Arena, die aus einem einfachen „Aufspritzen" rund um den Nussbaum im Garten hervorgegangen war.

Die jugendliche „Täule" vergnügte sich beim Engelmann. Der spätere Eisclown Henhapel wagte einen tollen Sprung.

Die Familie Engelmann stellte der Wiener Schuljugend an Vormittagen während der Woche kostenlos die Eisfläche zur Verfügung. Auch Eislauf-Unterricht wurde kostenlos erteilt. Dementsprechend groß war der Andrang im Jahre 1930.

1972 wurde auf den Engelmann-Gründen ein Supermarkt errichtet. Bedingung war, dass die Eisfläche erhalten bliebe. Am Warenhaus-Dach wurde 1974 die neue Eisbahn eröffnet: Eislaufen am Dach – ein Hit.

Ing. Eduard Engelmann war 1892 und 1894 der erste Europameister im Eiskunstlauf, förderte die Jugend und begründete die „Wiener Schule" des Eiskunstlaufs.

Der vielseitige Sportler Ing. Eduard Engelmann war dreimal Meister auf dem Hochrad.

Ing. Eduard Engelmann erhielt den Fahrrad-Erlaubnis-Schein Nr. 1.

Die Engelmann-Arena war eine vielseitige Veranstaltungsstätte. 1904 veranstaltete der Hernalser Knabenhort Francke ein Schauturnen.

Ein Turnfest der christlich-deutschen Turnerschaft Hernals fand ebenfalls beim Engelmann statt.

Nicht mehr allgemein bekannt ist, dass es von 1954 bis 1964 im Sommer das Union-Sportschwimmbad beim Engelmann gab.

Eislaufen auf Natureis am Lehrersportplatz in der Roggendorfgasse war um 1950 ein beliebtes Vergnügen. Später entstand hier die Postsport-Anlage.

1 STUNDEN RENNEN   SIEGER: J.KOKOLL

Um 1935 gab es am Gelände der ehemaligen Ziegeleien am Draschefeld, der späteren Postsport-anlage, eine Radrennbahn.

Im Jahre 1961 eröffnete Bürgermeister Franz Jonas die frisch renovierte Allround-Postsportanlage in der Roggendorfgasse.

Die Aufnahme zeigt eine Sternfahrt der Motorgruppe Freiheit XVII.

Der Wiener Cyclisten-Club, gegründet 1883, war der Vorläufer des Wiener Sportklubs.

1895 wurde in der Rötzergasse 6 das Klubhaus des Wiener Cyclisten-Clubs erbaut.

Das Trockentraining für Skifahrer fand in der Halle des Wiener Sportklubs in der Rötzergasse 6 statt.

Die alte Tribüne auf dem Sportklubplatz, Hernalser Hauptstraße 214, war 1905 errichtet und 1922 abgetragen worden. Die Anlage wurde 1923 renoviert.

Die beiden Sportklubspieler Szanwald und Barschandt kämpften 1957 beim Match WSC gegen Honved Budapest am Sportklubplatz in Dornbach gegen den Ungarn Kocsics.

Die Mannschaft des Wiener Sportklubs war 1957 und 1958 österreichischer Fußballmeister. Diese Mannschaft besiegte Juventus Turin am 1. Oktober 1958 im Europacup sensationell mit 7:0.

Der Wiener Arbeiter-Turnverein W.A.T. XVII. hielt im Jahre 1919 im Hof der Schule Lienfeldergasse 96 eine Turnübung ab.

Der Österreichische Turnerbund Hernals stellt sich im Jahre 1900 zum Gruppenfoto auf.

Mitglieder des Wiener Arbeiter-Turnvereins Hernals W.A.T. XVII. haben ihre Fahrräder für den 1.-Mai-Aufmarsch um 1924 festlich geschmückt.

Pfarrer Bruno Wüstenberg von der Herz-Jesu-Sühnekirche eröffnete am 5. Juli 1952 am Dr.-Josef-Resch-Platz 12 für die sportbegeisterte Jugend die neue Solana-Sportanlage. Die Basket-ball-Mannschaft des 1. KSC Wien stellte sich aus diesem Anlass zum Gruppenfoto auf.

Um 1950 fand am Reichsbund-Platz Marswiese in der Neuwaldegger Straße 57 die Siegerehrung einer Fußballmannschaft statt. Im Hintergrund ist das Linienamt zu sehen.

Das Kegelspiel war ein beliebtes Vergnügen. Im Jahre 1907 war die Kegelbahn im Gasthaus „Flörl", Mariengasse 3, ein geselliger Treffpunkt.

Der Karlinger Kegelklub traf sich im Jahre 1890 im Hof des Hauses Josefigasse 33, später Beheim-gasse. Herr Karlinger war Greissler und Besitzer dieses Hauses.

Das Bezchleba-Bad im heutigen Pezzlpark um 1900. Heute ist diese Anlage in das Jörgerbad integriert.

Das Alszeilenbad in der Alszeile 34 war um 1930 mit dem daneben liegenden Nikolai-Garten ein beliebtes Erholungsgebiet für die Hernalser Bevölkerung.

Die Aufnahme zeigt das Bad auf der Alszeile bei der Vollbadgasse um 1900; später stand hier die Dolus-Fabrik. Heute findet man an dieser Stelle den Kinderspielplatz im Josef-Kaderka-Park.

Das beliebte Rohrerbad an der Exelbergstraße musste im Jahre 1978 abgetragen werden und das Gelände wurde in das Erholungsgebiet Neuwaldegger Park integriert. Die Aufnahme stammt aus dem Jahre 1932.

Die Freiwillige Feuerwehr Hernals wurde 1926 aufgelöst und von der Berufsfeuerwehr besetzt. Das Foto stammt aus der Zeit um 1900.

Die Freiwillige Feuerwehr Dornbach nahm vor der Einwölbung des Alsbaches um 1890 an der alten Alsbrücke an einer Übung teil.

Im Ersten Weltkrieg waren Frauen bei der Feuerwehr im Einsatz. 1917/18 fand in Dornbach ein Feuerwehrball statt.

Der Männergesangsverein Biedersinn feierte sein 25. Bestandsjubiläum im Jahre 1886 mit einem großen Festzug am Elterleinplatz.

Der Orchesterverein Dornbach-Neuwaldegg feierte im Jahre 1985 sein 50. Jubiläum. Der Orchesterverein ist auch heute noch mit beliebten Konzert-Veranstaltungen äußerst aktiv und aus dem musikalischen Leben von Hernals nicht wegzudenken.

Marktstandlerinnen am Dornerplatz um 1900.

6

Berufsleben und Arbeitswelt

Die im 19. Jahrhundert einsetzende Industrialisierung führte, verbunden mit einem starken Bevölke-
rungszuzug aufgrund der niedrigeren Lebenshaltungskosten, in den Vororten zur Ansiedlung gewerb-
licher Betriebe. Bedeutende Firmen ließen sich hier nieder und schufen wesentliche Erwerbsquellen
für die Bevölkerung. Die Nahversorgung funktionierte sehr gut, es gab Marktstände, viele Greissler,
Fleischhauer, Bäcker etc. – „In Hernals gab's all's."

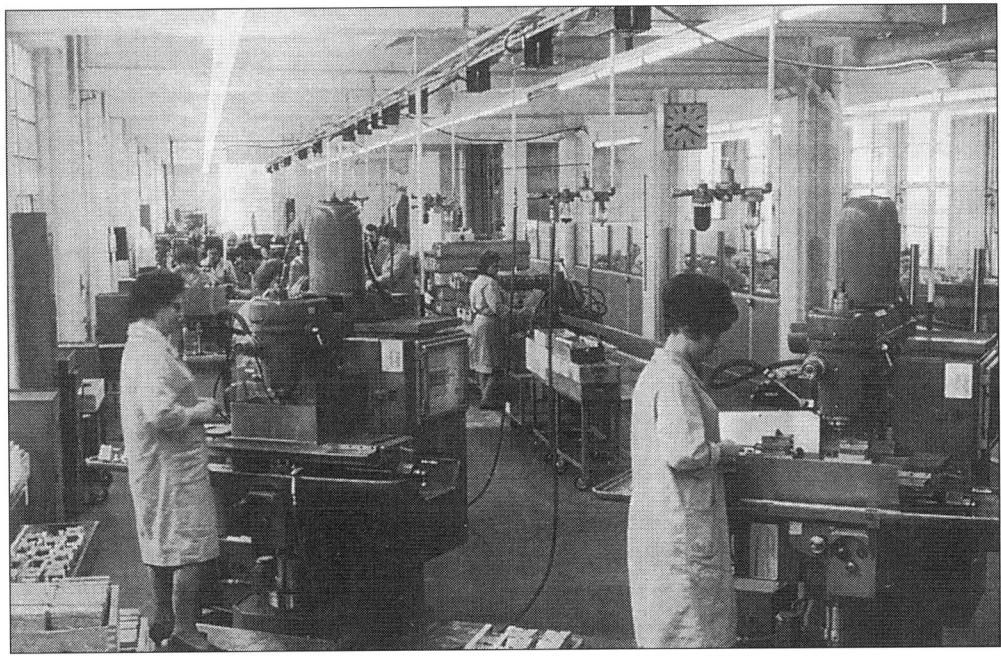

In der Werkstättenhalle für mechanische Fertigung der Optischen Werke C. Reichert wurde um
1940/41 fleißig gearbeitet. Seit 1900 befanden sich die Optischen Werke Reichert in der Urban-
gasse 6/Hernalser Hauptstraße 219 und entwickelten sich zu einem Weltkonzern.

Die Schokoladefabrik Manner – hier im Jahre 1910 – war seit 1890 in Hernals in der Wilhelminenstraße 6 ansässig und wurde zwischen 1904 und 1913 ausgebaut.

Die Maschinenfabrik Josef Anger & Söhne befand sich in der Hernalser Hauptstraße 122. Im Jahre 1962 wurden die Gebäude abgebrochen und eine städtische Wohnhausanlage errichtet.

Im Jahre 1938 wurden in der Kartonagenfabrik Löwit & Comp. in der Lascygasse 23–25 Luxus-Kartonagen, Papierteller, paraffinierte Papierbecher etc. hergestellt.

Fast 100 Jahre lang befand sich in Hernals auf dem Gebiet Frauengasse, Geblergasse und Ortlieb-gasse 17 ein Brauhaus. 1937 wurde das Hernalser Brauhaus abgerissen.

1908 wurde in der Feuerlöschgeräte-Fabrik Kernreuter in der Hernalser Hauptstraße 105 die Herstellung der 100. Dampfspritze gefeiert.

Die Fleischhauerei Schober befand sich in der Hernalser Hauptstraße 197 und war für gute Ware bekannt.

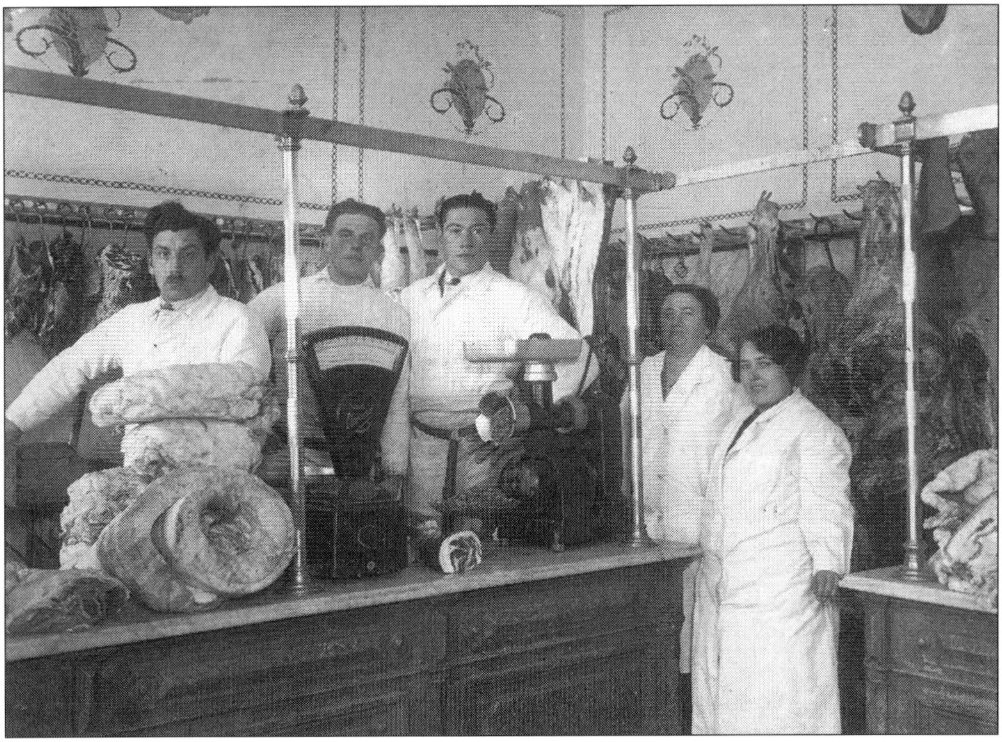

Die Fleischhauerei Greil befand sich in der Wichtelgasse 80 und erzeugte beliebte Spezialitäten.

Das Gemischtwarengeschäft Cerny, Geblergasse 43, führte um 1905 ein reiches Sortiment – man bekam fast alles.

Im Friseursalon Stankovsky in der Hernalser Hauptstraße 68 wurde die Damenwelt im Jahre 1930 meisterlich verwöhnt.

Im Hof von Sattlermeister Chladek am Elterleinplatz 10 waren die Pferde der freiwilligen Feuerwehr Hernals eingestellt.

Das Kaufmannsgeschäft Binder in der Hernalser Hauptstraße 39 war von 1904 bis 1942 im Besitz der Familie Binder.

Das Lebensmittelgeschäft Gustav Weber in der Schumanngasse 85, aufgenommen am 22. Oktober 1972.

Die Lack- und Farbenhandlung von Max Weinelt befand sich in der Kalvarienberggasse 65.

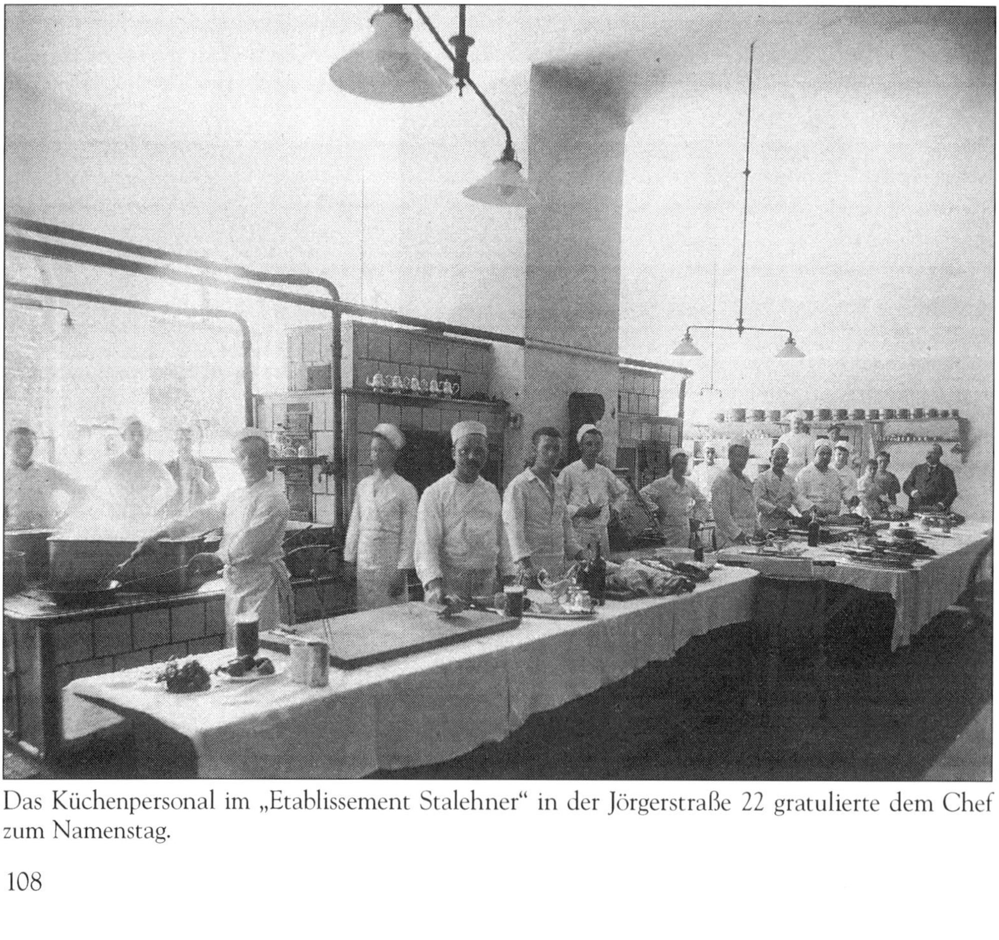

Das Küchenpersonal im „Etablissement Stalehner" in der Jörgerstraße 22 gratulierte dem Chef zum Namenstag.

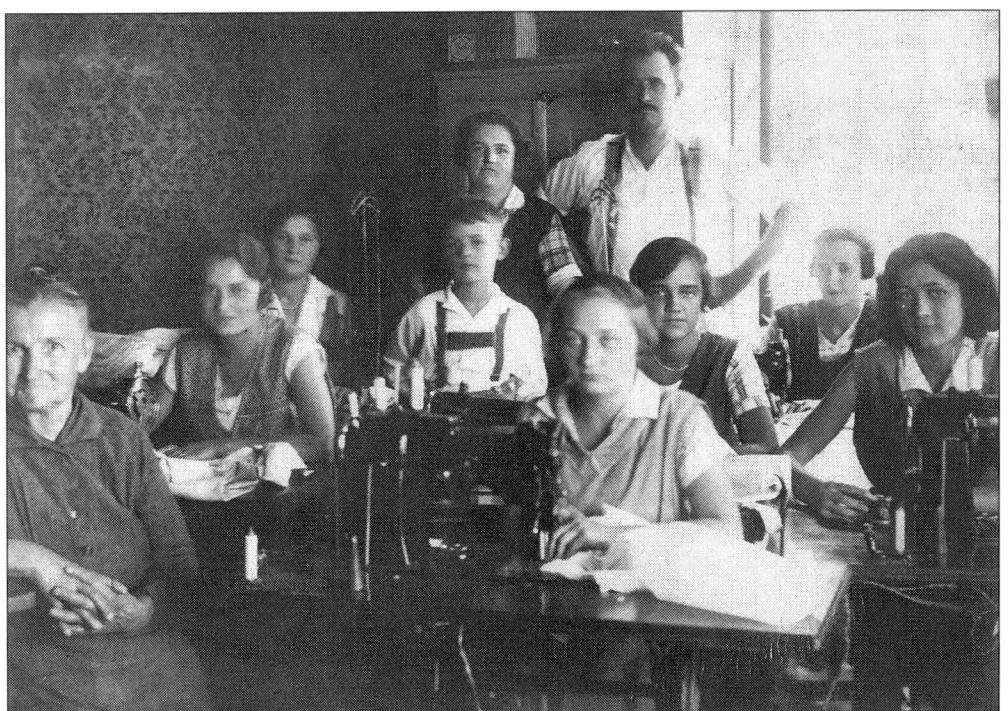

Die Belegschaft der Näherei Leonhartsberger in der Rokitanskygasse 6 wurde am 27. September 1929 fotografisch festgehalten.

Zwei Rauchfangkehrer beim Haus Syringgasse 1 im Mai 1953. An der Ecke Syringgasse und Jörgerstraße befand sich ein „Branntweiner".

Das Foto der „Specerei-, Material-, Farb- & Kurzwarenhandlung" Franz Chlubna in der Doro-
theergasse 49, später Mariengasse 2, stammt vom Oktober des Jahres 1882.

Das Wild- und Geflügelgeschäft des Herrn Karl Weber befand sich in der Taubergasse 35. Im Hof
gab es eine stark frequentierte Kegelbahn.

Der Uhrmachermeister Ludwig Prokop, Hernalser Hauptstraße 58, ist vor seinem Geschäft mit einer interessanten Tätigkeit beschäftigt.

Der Uhrmachermeister Franz Medonig in der Dornbacher Straße 109 war ein Meister seines Faches und brachte jede Uhr wieder zum „Laufen". In seiner Freizeit verfasste er viele nette Gedichte. Die Aufnahme stammt aus dem Jahre 1971.

Die Kerzerl-Verkäuferin vor dem Hernalser Friedhof am Leopold-Kunschak-Platz – hier im Jahre 1971 – war bei jedem Wetter vor Ort.

Im Textilfachgeschäft Maximilian Ziegler in der Hernalser Hauptstraße 159 konnte man Teppiche, Vorhänge, Wäsche, Woll- und Leinenwaren, aber auch Linoleum kaufen.

Die Dornbacher Flurhüter, auch Grün- und Weinhüter genannt, trafen sich im Jahre 1914 beim „Schindler" in der Dornbacher Straße 33. Im Winter arbeiteten sie als Straßenkehrer.

Die Fleischhauerei des Ferdinand Hirss befand sich in der Dornbacher Straße 37. Ein weiteres Hirss-Geschäft gab es in der Dornbacher Straße 114.

In der Friedhofsgärtnerei Ziegler auf der Alszeile blühen die Gladiolen.

Der Tischlermeister Johann Endlweber, Dornbacher Straße 89, hier mit seiner Belegschaft im Jahre 1915, war als Schnepfenjäger von Dornbach bekannt, er schoss jedes Jahr die erste Schnepfe.

Die Postbediensteten von Dornbach präsentierten sich um 1890 dem Fotografen.

Der blinde Bettelmusikant Rottensteiner war nach dem Zweiten Weltkrieg eine allseits bekannte Hernalser Type.

Ein Zug in der Endstelle der Linie 43, der Triebwagen gehört zur Type G. In den Kriegsjahren 1914 bis 1918 waren auch Schaffnerinnen eingesetzt. Ab 1930 waren die Plattformen aller Trieb-wagen verglast.

7

Verkehrswesen – Stellwagen, Pferdetramway, Straßenbahn

Die erste Pferdetramway Wiens fuhr 1865 vom Schottentor nach Hernals und bereits ein Jahr später nach Dornbach. Endstation war das Gasthaus „Schwarz", später Gasthaus „Morawek", in der Dornbacher Straße 40. In schlechten Zeiten verdienten sich viele Arbeitslose ein paar Kreuzer, indem sie den Sand aus den Gleisen der Pferdetramway räumten. Hier hat der Begriff Sandler seinen Ursprung. 1901 fuhr die erste „Elektrische" nach Hernals – zunächst mit Zielsymbolen. Ein blauer Kreis mit zwei weißen Querbalken signalisierte damals die heutige Linie 43. Die Linienbezeichnung für den 43er gibt es seit 1907. Bei der St.-Anna-Kapelle in Dornbach ist die Endstation der Linie 43.

Die Pferdebahn in Hernals stand 1901 vor der alten Hernalser Remise. Diese befand sich von 1865 bis 1911 im Bereich Nessel-, Rötzer- und Bahngasse, der späteren Wattgasse. Für die Umstellung auf den elektrischen Betrieb wurde westlich der Wattgasse ein größerer Bahnhof, die heutige Remise, errichtet.

Die alte Straßenbahn-Remise in Hernals um 1905.

Das Modell einer Pferdetramway befindet sich im Bezirksmuseum Hernals.

Die Eröffnungsfahrt der ersten Pferdetramway auf der Strecke Schottenring–Dornbach fand am 4. Oktober 1865 unter großer Anteilnahme der Bevölkerung statt.

Im Jahre 1901 führte ein Bautrupp Gleisbauarbeiten bei der Wattgasse durch. Für den elektrischen Betrieb musste der Schienenunterbau verstärkt werden.

Blick in die Halle I der Remise Hernals im Jahre 1976.

Ein Stellwagen steht um 1890 am „Schottenplatzl", Dornbacher Straße 97-101. Der Großfuhr-
werker Josef Konrath, Dornbacher Straße 97, besaß eine Stellwagen-Lizenz. Der Ausdruck Stellwagen bezieht sich darauf, dass der Wagen gestellt – angehalten – werden konnte.

120

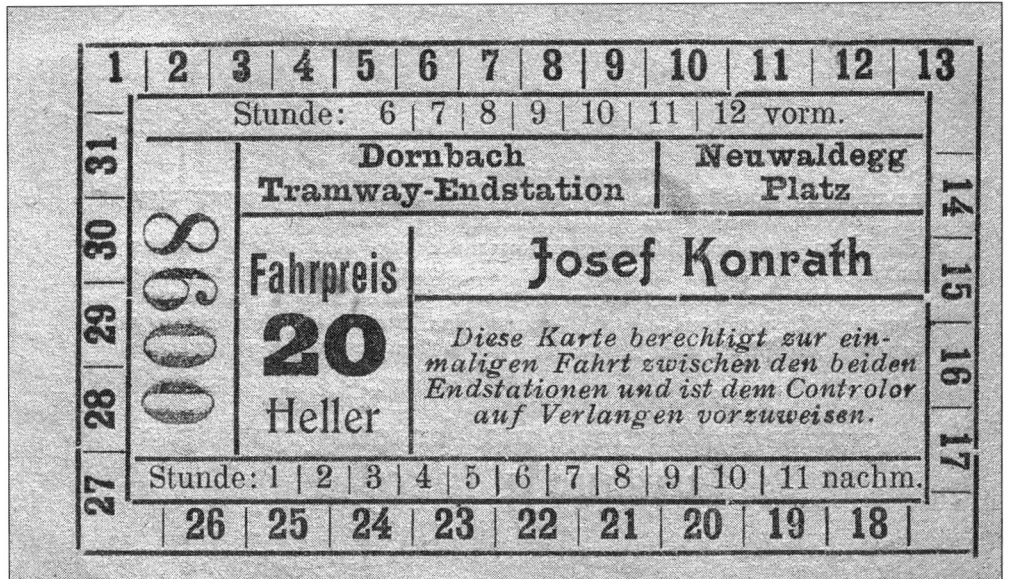

| 1 | 2 | 3 | 4 | 5 | 6 | 7 | 8 | 9 | 10 | 11 | 12 | 13 |

Stunde: 6 | 7 | 8 | 9 | 10 | 11 | 12 vorm.

Dornbach
Tramway-Endstation

Neuwaldegg
Platz

8600

Fahrpreis | **Josef Konrath**

20

Heller | *Diese Karte berechtigt zur ein-*
maligen Fahrt zwischen den beiden
Endstationen und ist dem Controlor
auf Verlangen vorzuweisen.

Stunde: 1 | 2 | 3 | 4 | 5 | 6 | 7 | 8 | 9 | 10 | 11 nachm.

| 26 | 25 | 24 | 23 | 22 | 21 | 20 | 19 | 18 |

Ein Fahrschein der Pferdestellwagen-Linie Dornbach–Neuwaldegg, ausgegeben 1893 bis 1901, kostete 20 Heller.

Der Hernalser Czaak (1862–1945) trägt auf dieser Aufnahme von 1917 die Uniform eines Pferde-Stellwagen-Schaffners aus dem Jahre 1908.

Hernalser Straßenbahnbedienstete posierten um 1907 vor einem Triebwagen der Type G2 in der neuen Hernalser Remise.

Von 1901 bis 1906 war bei der Luchtengasse/Waldegghofgasse die Endstelle der Straßenbahn. Hier wurden die Züge umgekuppelt. Ab 1906 war die Gleisschleife bei der St.-Anna-Kapelle in Betrieb.

An der alten Endstelle der Straßenbahn bei der Luchtengasse/Waldegghofgasse, heute Hans-Lein-kauf-Platz, herrschte 1905 reger Betrieb. Hier befindet sich jetzt die Endstelle der Buslinie 43B.

Ein ausgeschiedener, ehemaliger Pferdetramway-Wagen wurde 1955 auf einem Tieflader nach Hernals geführt und am Kinderspielplatz am Clemens-Hofbauer-Platz aufgestellt, wo er noch viele Jahre Verwendung fand.

Die Aufnahme aus dem Jahre 1885 zeigt einen alten Stellwagen vor dem „Möth-Haus", einem Heurigen in der Dornbacher Straße 45.

Nach einem schweren Gewitter am 17. Juli 1907 schwoll der Alsbach derart an, dass die unterhalb liegenden Kanäle das Wasser nach oben in die Straßen drückten. Die Straßenbahnzüge konnten nicht mehr weiter und wurden mit abgezogenen Bügeln in Höhe der Hernalser Hauptstraße 100 stehen gelassen.

Im Jahre 1896 wurde die Brücke der Vorortelinie über die Hernalser Hauptstraße fertiggestellt.

Die Vorortelinie, eine Linie der Wiener Stadtbahn, war 1898 eröffnet worden. Links ist das Türkenkreuz zu sehen.

Ein Zug der Linie 43 fuhr im Jahre 1975 unter der Brücke der Vorortelinie durch. Die Vorortelinie wurde im Mai 1987 als S45 reaktiviert.

Das Stationsgebäude Hernals der Vorortelinie war im Jahre 1980 vor der Renovierung sehr desolat.

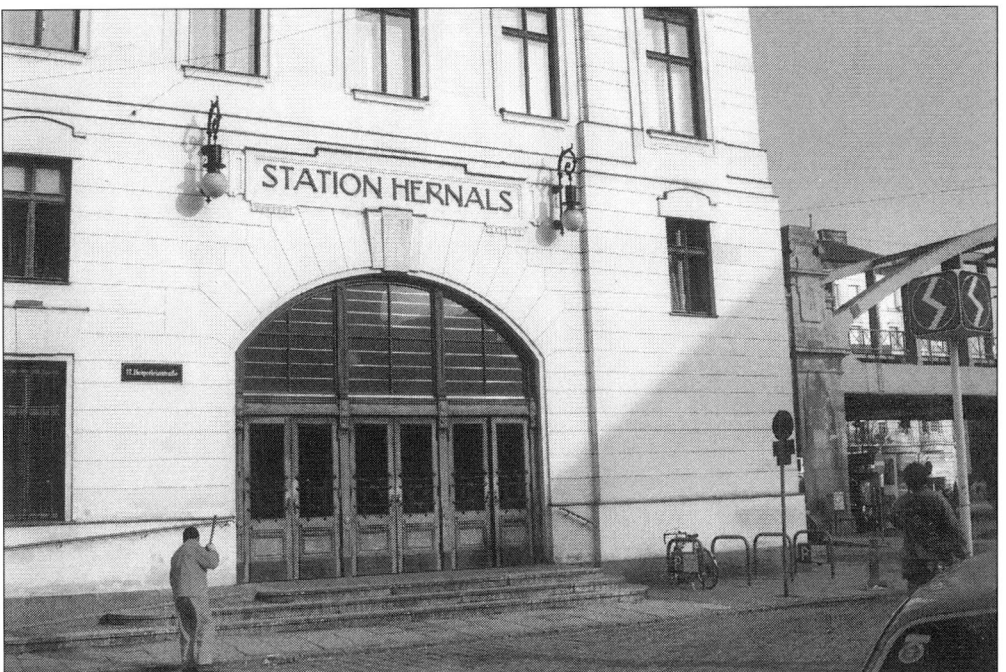

Das Otto-Wagner-Stationsgebäude der Vorortelinie in Hernals – mit der neuen Brücke um 1990 – wurde vorbildlich renoviert.

Am 30. Mai 1987, dem Tag der Wiederinbetriebnahme der Vorortelinie als S45, befuhren eine Original-Stadtbahn-Dampflokomotive Reihe 30 und eine elektrische Garnitur der Baureihe 4020 gemeinsam die Strecke Heiligenstadt–Hütteldorf. Die Ansicht zeigt die Züge in der Station Hernals.

Die Heimat entdecken!

Von Kiel bis Wien,
von Aachen bis Görlitz:
Entdecken Sie Alltagsgeschichten
aus Ihrer Heimatstadt!

Leben in der Großstadt ...

Tauchen Sie ein in das quirlige Großstadtleben vergangener Tage. Spazieren Sie über breite Boulevards und stürzen Sie sich ins Nachtleben. Erkunden Sie ihre Stadt durch die Fensterscheiben einer Straßenbahn oder des ersten Käfers und bewundern Sie prächtig geschmückte Schaufenster.

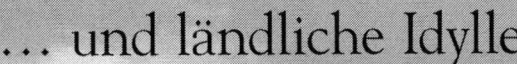

... und ländliche Idylle

Wie sah das Leben in Ihrer Heimat aus, als die Bauern noch mit Pferden pflügten und jedes Dorf seinen eigenen Schmied hatte, jeder noch jeden kannte und das Leben sich zwischen Kirche, Wirtshaus und Wohnküche abspielte?

Erinnerungen an die Schulzeit ...

Erinnern Sie sich noch an die Zeiten von Abakus und Schiefertafel, an Klassenausflüge oder den ersten Taschenrechner? Blicken Sie zurück auf große Klassen und gestrenge Schulmeister, entdecken Sie auf Klassenfotos Freunde und Bekannte von früher!

... und das Arbeitsleben

Entdecken Sie, wie sich das Arbeitsleben in den letzten hundert Jahren verändert hat. Werfen Sie einen Blick in Fabrikhallen, blicken Sie Handwerksmeistern bei ihrer Arbeit über die Schulter und erinnern Sie sich an den Einkauf im Tante-Emma-Laden.

Gesellige Stunden im Verein ...

Fußballclub und Schützenverein, Musikkapelle und Gesellenverein: Schauen Sie zurück auf Volksfeste und Turniere, Chorproben oder Prunksitzungen. Erinnern Sie sich an schöne Stunden und das gesellschaftliche Leben in Ihrer Heimat.

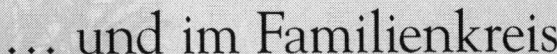

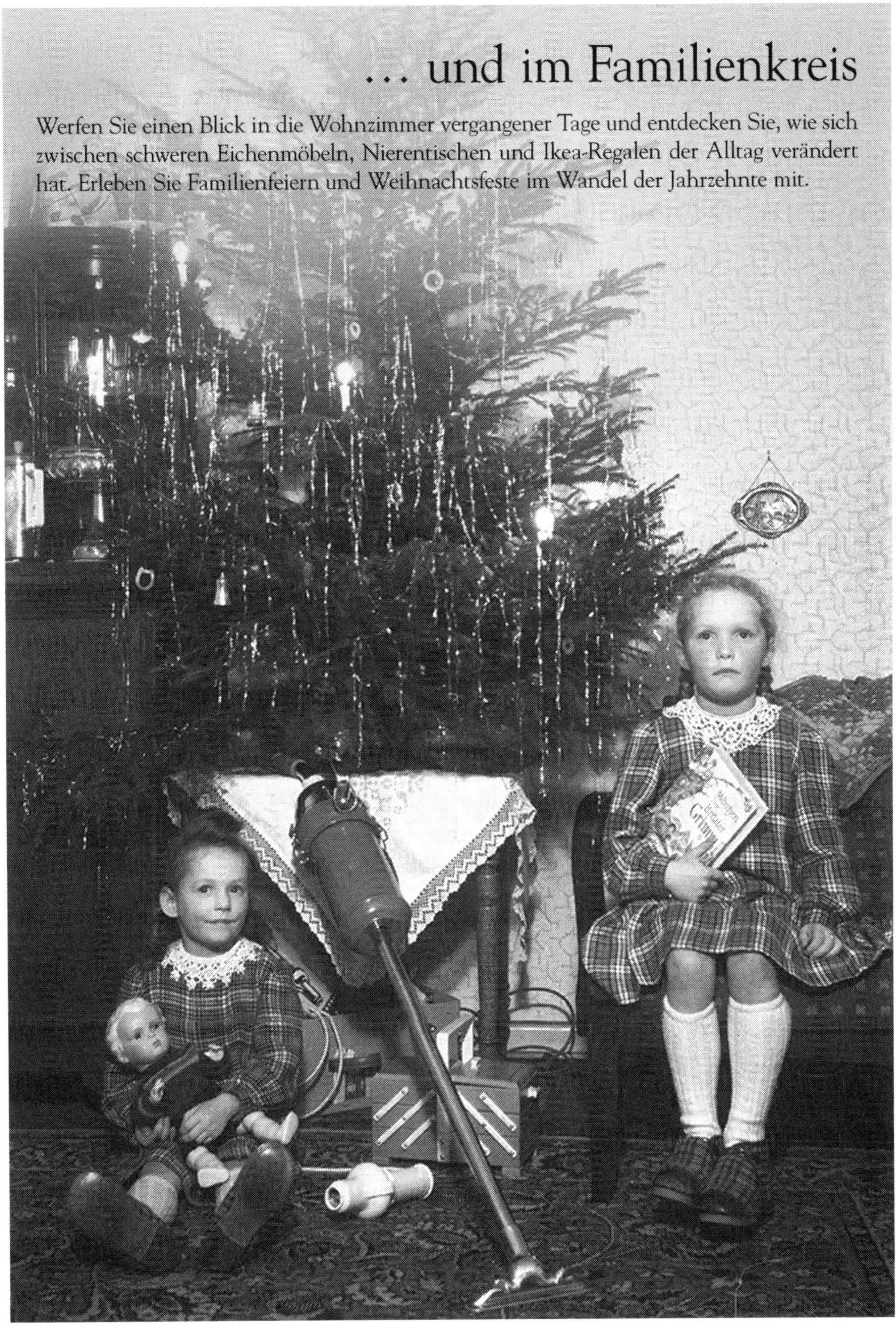
… und im Familienkreis
Werfen Sie einen Blick in die Wohnzimmer vergangener Tage und entdecken Sie, wie sich zwischen schweren Eichenmöbeln, Nierentischen und Ikea-Regalen der Alltag verändert hat. Erleben Sie Familienfeiern und Weihnachtsfeste im Wandel der Jahrzehnte mit.

www.suttonverlag.at

Alltagsgeschichte in historischen Fotos zu über 1000 Regionen, Städten und Gemeinden

Bestellen Sie jetzt
Ihr persönliches Exemplar auf

www.suttonverlag.at

Zeitfracht Medien GmbH
Ferdinand-Jühlke-Straße 7
99095 Erfurt, Deutschland
produktsicherheit@kolibri360.de

Druck:
CPI Druckdienstleistungen GmbH
im Auftrag der
Zeitfracht Medien GmbH
Ein Unternehmen der Zeitfracht - Gruppe
Ferdinand-Jühlke-Str. 7
99095 Erfurt